ESTRUTURA MCKINSEY 7S

PONTOS-CHAVE

- **Nomes:** 7S, 7-S Framework, 7S Framework McKinsey 7S.

- **Utilizações:** gestão de médias e grandes organizações, adaptação à mudança.

- **Por que é bem-sucedido?** É fácil de representar visualmente e muito aplicável.

- **Palavras-chave:** organização, modelo, gestão, mudança.

INTRODUÇÃO

História

O enquadramento McKinsey 7S data os anos 80, e foi introduzido pela primeira vez em um artigo coautor de Robert Waterman, Thomas Peters e Julien Philips, *Estrutura não é Organização* (1980). Surgiu em uma altura em que a estratégia e a organização de uma empresa eram o foco principal. De fato, envolve repensar toda a organização de uma empresa, e não simplesmente rearranjar as práticas em uso.

Atualmente, estes gráficos e diagramas – fluxogramas, processos etc. – estão generalizados no ambiente

ESTRUTURA MCKINSEY 7S

Aumentar o desempenho empresarial, preparar-se para a mudança e implementar estratégias eficazes

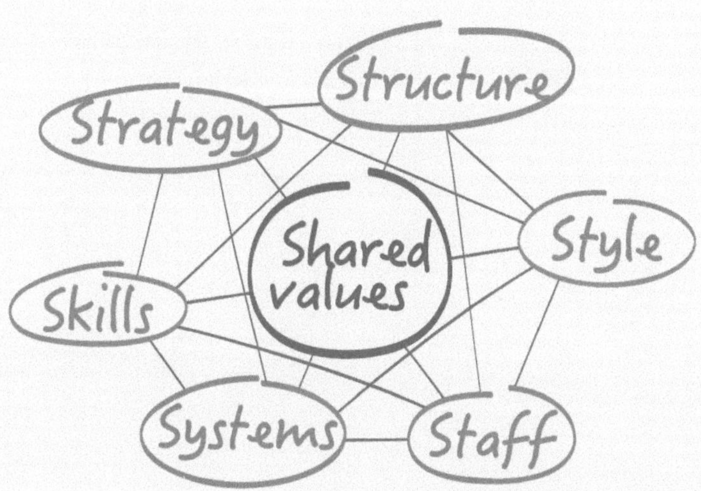

ESTRUTURA MCKINSEY 7S

Aumentar o desempenho empresarial, preparar-se para a mudança e implementar estratégias eficazes

escrito por Anastasia Samygin-Cherkaoui
traduzido por Alva Silva

50MINUTES.com

econômico, mas naquele tempo, foi um golpe de gênio por duas razões:

- em primeiro lugar, a representação do modelo sob a forma de um átomo foi surpreendentemente original;
- em segundo lugar, a repetição da mesma letra 'S' inicial para cada um dos elementos cria um efeito de aliteração.

Ambas as características tornam mais fácil memorizar o conceito e visualizar a estrutura dos seus sete elementos. Em última análise, eles contribuem para a sua fama e longevidade.

Definição do conceito

A estrutura McKinsey 7S, desenvolvida pela empresa de consultoria McKinsey, é um instrumento de diagnóstico organizacional, mostrado esquematicamente sob a forma de um átomo. O nome do conceito destaca, utilizando um simples dispositivo mnemônico, tanto o número de elementos da estrutura como os seus constituintes, que todos começam com a letra 'S'.

 **É BOM SABER**

Fundada em 1926, a McKinsey é uma empresa de consultoria estratégica apresentada como sendo de alto nível, uma vez que se destina principalmente a empresas ativas internacionalmente, à frente das quais não é raro encontrar antigos empregados da McKinsey.

TEORIA

Uma parte importante do sucesso da estrutura McKinsey 7S reside na representação do modelo em forma de átomo: esta imagem é dinâmica e mostra a interconexão simples e quase óbvia entre os elementos que a compõem. Sem os descartar, distancia-se dramaticamente dos diagramas em forma de cadeia, que mostram a divisão de tarefas e os ganhos de produtividade baseados na velocidade, e dos tradicionais diagramas de fluxo em pirâmide, mesmo que estes agora incorporem cada vez mais fluxos de informação.

Desde a década de 1930, os estudos têm salientado a importância das relações humanas. Levam à inevitável conclusão de que é um erro acreditar simplesmente em ligações profissionais. De fato, relações e interesses que vão além do quadro teórico da estrutura organizacional desenvolvem-se entre trabalhadores ou grupos de trabalhadores. Estas relações podem certamente ser amigáveis, mas também muitas vezes influentes. Em outras palavras, dependem da capacidade de uma pessoa mudar o comportamento de outra, com ou sem conhecimento de causa, para promover os seus objetivos ou valores. Imprevisíveis para os gestores, estas relações são extremamente importantes uma vez que são capazes de mudar a organização como um todo. Cada um de nós pode atestar isto, recordando situações em que indivíduos dentro de um grupo mudaram o seu comportamento, o que depois modificou os resultados de todos. Tomemos o exemplo do esporte, onde mudar de treinador pode levar a resultados diferentes, embora a equipe permaneça a mesma e cada membro mantenha a sua função.

Do mesmo modo, as empresas mudam e, portanto, as suas necessidades mudam. Evidentemente, as bases permanecem as mesmas: ainda existem empresas familiares, empresas com tarefas altamente padronizadas, empresas baseadas em competências (onde o ganho de capital é feito, por exemplo, com serviços intelectuais) e empresas voltadas para os resultados. A mudança que ocorre é o resultado de uma combinação de modelos pré-existentes e surge através de estruturas cada vez mais híbridas. Além disso, a maior parte das vezes, a internacionalização e a globalização estão em ascensão. Um supermercado, por exemplo, opera com alguma autonomia (cada elemento da estrutura é uma estrutura em si), mas faz parte de uma organização muito maior (um grupo nacional, no nosso exemplo) que a contém, e por vezes está também incluído em uma estrutura ainda maior (a nível internacional).

É neste contexto que aparece o modelo 7S:

Na prática, esta representação enfatiza a interação entre os diferentes componentes, um ligado ao outro, mas com um núcleo central. Este núcleo merece uma atenção por um momento. Originalmente, o círculo interior representava "objetivos extraordinários". Tony Athos (1934-2002), professor na Universidade de Economia de Harvard e grande amigo de Robert

Waterman (cofundador do modelo), teve a ideia de mudar estes objetivos para "valores partilhados". Esta contribuição não foi insignificante: mudou a filosofia do modelo ao substituir elementos prospectivos (objetivos) por bases sólidas (valores).

Os sete termos foram o resultado de uma extensa reflexão e debate, e, obviamente, não foram escolhidos ao acaso.

ESTRATÉGIA

A estratégia determina os meios a serem utilizados. Neste caso, a sua definição tem que vir antes de todos os outros elementos. É uma forma de resposta de uma empresa ao seu ambiente: deve-se reduzir custos, produzir em grandes quantidades ou visar o seu público? Expandir o seu negócio ou especializar-se? É agressiva em relação à concorrência ou tenta se diferenciar?

Podemos ver que a estratégia é simultaneamente crucial e potencialmente desafiante, uma vez que é o resultado da interação entre a empresa e o seu ambiente. No entanto, não há necessidade de ser precipitado, pois a estratégia guia as escolhas, particularmente em termos de investimentos, posicionamento do produto ou localização geográfica. Por conseguinte, não pode mudar subitamente.

Há três tipos de estratégia:

• liderança de custos;

- diferenciação (valor);

- foco (nicho).

Uma estratégia ruim ou mal definida pode levar a escolhas difíceis, a investimentos injustificáveis, a que certas competências sejam realçadas à custa de outras etc. Isto pode causar uma certa falta de originalidade: a empresa não tem, então, nenhuma especialização ou ponto particular de diferenciação. Pelo contrário, uma estratégia clara conduz a investimentos e decisões que vão em uma direção específica. Se a estratégia é relevante, a missão tem sido bem-sucedida. Caso contrário, é provável que a empresa tenha dificuldade em se reformar.

Para ilustrar isto, voltaremos ao exemplo dos supermercados: algumas marcas distinguem-se pelos seus preços baixos, enquanto outras são conhecidas pela qualidade e originalidade dos seus produtos. Outras não têm qualquer característica particularmente distintiva. O mesmo raciocínio pode ser aplicado a computadores ou celulares: algumas marcas estão tentando se diferenciar, quer através do seu estilo, quer através das suas próprias especificações técnicas únicas. Assim, especializam-se e atendem a um determinado tipo de usuário. Outras estão em concorrência com vários atores bem estabelecidos no mercado e têm que se destacar jogando com fatores (possivelmente combinados), tais como preço ou acessórios - aplicações ou outros materiais ou extras imateriais, que dão a impressão de pertencer a uma comunidade de usuários (daí o desenvolvimento de papéis, tais como gestor de comunidade). No entanto, podemos acreditar que mesmo que se destinem a um público potencialmente maior, retêm menos clientes.

ESTRUTURA

Quando são feitos desenvolvimentos e alterações nos modelos de negócio, a própria definição da estrutura é alterada. Além disso, os empregados devem ser educados para que percebam a estratégia global da empresa e decidam por si próprios como irão encaixar na estrutura, ou seja, como e com quem irão trabalhar.

Atualmente, a descentralização está se tornando cada vez mais generalizada no setor industrial. As divisões por função e por produto foram efetivamente substituídas por outras possíveis segmentações, utilizando critérios tais como países, regiões, mercados, populações, tipos de produtos etc. Além disso, as divisões não são mutuamente exclusivas (por exemplo, os supermercados: uma marca pode criar uma divisão geográfica com subdivisões de acordo com o produto dentro de cada local).

Dada esta situação, é ainda mais importante para a empresa centralizar as suas escolhas, embora geralmente a estratégia seja única para cada divisão. Isto permite-lhe agir globalmente, deixando a cargo de entidades de outros níveis o desenvolvimento no seu próprio território. Podemos chamar isto de uma estrutura temporária, mostrando relativa flexibilidade, uma vez que é mais política ou contingente, ou seja, adapta-se ao seu ambiente.

É BOM SABER

- Segundo o estruturalismo, as relações sociais são organizadas em construções sociais, sem que as pessoas envolvidas sequer percebam. Na humanidade, o conceito de estrutura surgiu na França nos anos 50. Implica, para os pensadores estruturalistas – nomeadamente Émile Benveniste (1902-1976), Clause Lévi-Strauss (1908-2009), Roland Barthes (1915-1980) e Laurice Godelier (nascido em 1934) –, um ponto alto da organização em que a relação predomina.

- Na biologia, uma das peculiaridades da estrutura é que ela se regula a si própria.

Do mesmo modo, a estrutura adapta-se aos eventos que encontra. O aspecto da relação é predominante. Enquanto a noção de "sistema" previa os elementos pré-existentes entre os quais se estabeleceram diferentes relações, o estruturalismo vai de alguma forma mais longe: aqui as construções sociais são o resultado de um conjunto de regras abstratas e a origem da estrutura funde-se com o seu funcionamento, de modo que qualquer perturbação provoca uma adaptação espontânea.

SISTEMAS

Este conceito refere-se aos procedimentos e operações que compõem a vida cotidiana de uma empresa. Em certo sentido, implica seguir: sistemas orçamentais, controle do cumprimento de procedimentos internos, vigilância legal etc. Uma estratégia que não contabiliza estes procedimentos está condenada ao fracasso, independentemente da sua relevância, uma vez que ignora o funcionamento real do negócio. Além disso, se decidir alterar o funcionamento de uma empresa ou simplesmente analisá-la, não negligencie os procedimentos e o acompanhamento de certos aspectos.

PESSOAL

O conceito de pessoal refere-se à equipe, no sentido amplo: engloba efetivamente as competências, conhecimentos, programas de formação, motivação, comportamento, salários, hierarquia, avaliação e promoção dos indivíduos. Na realidade, refere-se à gestão de recursos humanos como um todo.

ESTILO

Esta característica, semelhante à do pessoal, depende de uma distinção de níveis, uma vez que significa destacar o comportamento dos gestores de ponta. Esta diferenciação entre gestores e pessoal pode ser lamentável, uma vez que os separa, embora seja necessário reconhecer o impacto potencial da mudança de líder em um grupo. Alguns objetarão que a importância do estilo não provém apenas dos líderes. Há vários exemplos que mostram isto, por exemplo, em uma equipe esportiva, um jogador pode ter uma personalidade mais forte ou um estilo mais claro do que o treinador. Da mesma forma, no cinema, um papel secundário pode ter mais impacto do que um papel de protagonista. Mas será que um diretor não usa a sua perícia para deixar que estas personagens se expressem? E o que acontece com os jogos de poder no mundo da política?

É BOM SABER: GERENCIAMENTO DE PONTA E GERENTES DE PONTA

A gestão de ponta refere-se ao mais alto nível das funções executivas de uma empresa privada ou pública. Os gestores de ponta são frequentemente personalidades fortes, capazes de unir as suas equipes, partilhar a sua visão para o futuro e os meios para alcançar estes objetivos. Uma vez que tomam decisões sobre a estratégia e os objetivos empresariais, devem também (teoricamente) assumir a responsabilidade por eles: são as únicas pessoas responsáveis pelo sucesso ou fracasso das suas políticas.

HABILIDADES

O termo "competências" também pode referir-se ao conhecimento porque engloba o *know-how* e as competências interpessoais. Mais uma vez, o conceito é semelhante ao do pessoal e da estratégia, mas não inteiramente.

As aptidões incluem:

- específicos da empresa ou marca: os elementos que diferenciam ou se destinam a diferenciar a empresa dos seus concorrentes;

- competências do pessoal: a empresa procura empregados com atitudes e competências que possam transmitir e reforçar os seus valores.

Por conseguinte, este conceito implica destacar as ligações entre as qualidades das pessoas envolvidas e as da estrutura em que operam e para cujo desenvolvimento contribuem.

VALORES PARTILHADOS

Os valores partilhados estão no cerne do modelo. Uma das críticas feitas contra o estruturalismo aponta a negligência em relação aos empregados, que são considerados, de alguma forma, simplesmente como contingências da estrutura. Em resposta a isto, vários sociólogos, liderados por Pierre Bourdieu (1930-2002), propuseram-se a reavaliar os empregados, não na medida em que estes possam estar livres das estruturas, mas considerando o alcance da sua experiência e desempenho como parte integrante da realidade da estrutura.

Certamente, nem todos têm a sorte de ter o trabalho ou a situação de sua escolha. Contudo, deve haver um mínimo de valores comuns, quer seja a qualidade do serviço ou produto, ou mesmo o compromisso da empresa para com uma causa particular. Imagine trabalhar em uma loja onde, na terça-feira, desfaz todo o trabalho que fez na segunda-feira. Desde que ignore a futilidade do seu trabalho, há uma boa hipótese de poder continuar, com motivação variável, possivelmente até com objetivos em termos de produtividade ou qualidade. Por outro lado, e se tomasse consciência do total absurdo do que é exigido de si? Continuaria? Por quanto tempo? Sob que condições? Do mesmo modo, mencionamos estratégia e gestão: uma mudança a este nível pode gerar insatisfação do pessoal (greves, aumento do absentismo, diminuição da produtividade, diminuição da qualidade do trabalho, saída de trabalhadores que têm essa opção etc.). Todos aqueles que lerem isto poderão pensar em exemplos, no presente ou no passado, que ilustrem como valores que já não são comumente partilhados causam tensões ou divisões.

O que mais importa aqui é a ligação entre os valores de uma empresa (transmitidos por um conjunto de indivíduos) e os valores das empresas (ou negócios), como organizações comerciais ou associativas. Poderíamos referir-nos a empresas (com um 'e' minúsculo) e Empresas (com um 'E' maiúsculo), sendo os valores do primeiro efetivamente uma variação dos valores do segundo, em relação aos quais devem fazer sentido.

CONCLUSÃO

Uma vez que todos os componentes do modelo estão interligados, mudar um deles tem um impacto direto em todos os outros. Este quadro deve, portanto, ser sempre considerado dinâmico. A sua ilustração, sob a forma de um átomo, permite ao usuário aplicar o modelo começando por qualquer elemento, em função da informação disponível e da posição do usuário, mesmo que o componente central dos valores partilhados seja significativo.

Em suma, após uma análise da estrutura McKinsey 7S, é possível ter uma ideia geral da base de uma empresa ou organização.

LIMITAÇÕES E EXTENSÕES

LIMITAÇÕES E CRÍTICAS

De acordo com o artigo fundador do quadro McKinsey 7S, *Estrutura não é Organização* (1980), referindo-se ao pintor surrealista belga René Magritte (1898-1967), a representação de algo não é a coisa em si. Por extensão, esta representação esquemática de uma organização, por muito prática e bem pensada que seja, não é de fato a organização. Assim, o quadro da McKinsey 7S não é diferente de qualquer outro, a pedra filosofal do sucesso empresarial. Contudo, como integra informação subjetiva (incluída nos valores partilhados, equipe, competências etc.), acreditamos que este modelo pode adaptar-se melhor do que outros ao caso específico de cada empresa, uma vez que é capaz de integrar o parâmetro específico da "cultura da empresa". A direção de ponta, sujeita à atenção com a seu próprio componente (estilo), pode estar sobrerrepresentada porque, em certa medida, poderia também ser incluída no 'pessoal'.

Seguindo o desenho acionista, que sublinha a importância das relações humanas, a teoria organizacional, na qual reside o quadro 7S, é apenas uma parte da teoria da ação, tal como desenvolvida por sociólogos como Max Webster (1864-1920) na Alemanha, Talcott Parsons (1902-1979) nos EUA ou Michael Crozier (1922-2013) e Erhard Friedberg (nascido em 1942) na França.

MODELOS RELACIONADOS

Dado o sucesso dos quadros esquemáticos, alguns estão recuperando modelos existentes para se adaptarem aos seus próprios negócios. Em apresentações de gestores, quadros como o 7S são regularmente vistos. Na gestão, fluxogramas – diagramas que mostram a atividade como um todo – e fichas de processo revelam raciocínios semelhantes.

Além disso, cada vez mais modelos pretendem também tocar no som, utilizando aliteração ou perguntas (quem, quando, como, quanto) a fim de serem memoráveis.

Na nossa opinião, o que importa no quadro da McKinsey 7S é apresentar com precisão as interligações entre os diferentes conceitos, bem como considerar a importância das relações humanas – não impede, na prática, que cada um o faça à sua maneira. A referência a um modelo experimentado e testado não significa a sua aplicação uniforme.

- 19 -

APLICAÇÃO PRÁTICA

CONSELHOS E DICAS DE OURO

Em termos concretos, o que significa quando se decide criar ou reformar os 7S de uma empresa no contexto de um projeto?

Por onde começar?

Caso 1: Iniciar um negócio

Se eu criasse uma empresa amanhã, provavelmente faria uma abordagem intelectual. Em uma posição 'meta', onde sou simultaneamente um ator e um observador externo, definiria a minha estratégia, fazendo, primeiramente, as perguntas descritas abaixo.

- Qual é o meu produto?

- Qual é a minha posição em relação aos meus (potenciais) concorrentes?

Teoricamente, as perguntas sobre os valores viriam à mente, seguidas pelos outros componentes do modelo. Contudo, na prática, é evidente que nem sempre temos a oportunidade de proceder desta forma.

Caso 2: Um negócio existente

Em uma estrutura existente, parece mais relevante partir do núcleo do átomo, o que significa valores. De fato, estes são efetivamente o menor denominador comum dos membros da empresa. Assim, uma reflexão sobre os valores partilhados irá, antes de mais nada, obviamente clarificar o que é partilhado pelos empregados. Naturalmente, responder à questão dos valores e decidir modificar parcialmente o seu conteúdo pode influenciar a estratégia, assim como tudo o resto. Por exemplo: devemos manter um serviço que não é lucrativo? Espontaneamente, podemos ser tentados a responder de forma negativa. Porém, no caso de um serviço médico ou de um serviço de transporte, esta pergunta assume outro significado.

Implementação do projeto

Quanto à criação de um projeto de mudança de uma estrutura existente, o diálogo com os empregados é um pré-requisito. Agir ao contrário, uma espécie de abordagem "de cima para baixo", equivale a querer fazer o bem às pessoas, apesar de si próprias. Os regimes totalitários têm demonstrado repetidamente que este sistema não funciona. Mesmo que a mudança desejada seja relevante, o método utilizado para a alcançar pode condená-lo ao fracasso.

Agora que conhecemos o negócio um pouco melhor, temos que fazer as perguntas certas para implementar o nosso projeto, conforme descrito abaixo.

- Quais são as diferentes etapas envolvidas?

- Quais são os meios e recursos financeiros (pessoal e competências) necessários para consegui-lo?

- O que é que a estrutura tem de especial?

- O que o diferencia dos seus concorrentes?

- Como é que afeta aqueles que com ele interagem?

Ao responder a estas questões, estamos definindo ou redefinindo o estilo da empresa que está diretamente relacionado com os seus valores. A estratégia, por sua vez, não pode ser determinada sem consideração dos valores, competências e ambiente (concorrência) em que se irá desenvolver.

Avaliar o projeto

Para avaliar o projeto, é vital analisar o sistema (monitorização e procedimentos) a fim de adquirir uma visão global de toda a empresa, com as suas qualidades e falhas.

A reflexão sobre os critérios 7S conduz inevitavelmente à manutenção ou modificação da estrutura que fornece um enquadramento para a ação.

As questões levantadas e as respostas dadas ilustram as interligações de diferentes conceitos no quadro do McKinsey 7S. Se, no final, verificarmos que todos os elementos foram considerados, especificando exatamente o que se insere em um ou outro elemento, pode, por vezes, parecer complicado. O que mais importa é lembrarmo-nos de não negligenciar nenhum aspecto do modelo.

ESTUDO DE CASO

Vamos, agora, olhar para a empresa X, um ator do setor público e, portanto, uma empresa pública. Vários relatórios externos apontam para grandes problemas de gestão, sendo os principais indicadores deste fato:

- uma redução dos ativos líquidos;

- gestão deficiente dos recursos humanos, no sentido de que o número de trabalhadores tem aumentado continuamente ao longo de vários anos para um serviço inalterado;

- salários iguais a 50% do volume de negócios.

X, uma empresa pública, está sujeita a algum controle e deve ser responsável pelas questões na sua gestão que levantem questionamentos. Isto cria tensões entre a empresa e a sua supervisão administrativa. Ao mesmo tempo, internamente, a empresa está passando por uma mudança do Presidente do Conselho de Administração (CBO).

Procurando assegurar a supervisão administrativa, e talvez também libertar-se um pouco dela, o CBO, sob a liderança do novo presidente, decide recorrer a um consultor externo para realizar uma análise abrangente da situação.

O consultor (nomeado pelo setor público) conhece bem o quadro da McKinsey 7S.

- Ele começa por fazer uma rápida análise inicial da situação, principalmente financeira: receitas e alterações nos resultados nos últimos anos, análise dos principais itens de despesa, massa bruta de exploração etc. As suas conclusões não só coincidem com as da supervisão administrativa, como também as reforçam, apresentando resultados significativamente mais severos;

- Após esta primeira observação 'oficial', uma vez que a realização de um relatório, principalmente, financeiro não requer especificamente uma presença no local, ele trabalha na empresa e conduz workshops com os gestores de ponta. Isto mostra uma série de novas constatações, que evidenciam as deficiências de organização e logística, tensões internas, questões de competência etc.;

- Quando o consultor compreender claramente as missões e objetivos da empresa, a sua função é fazer recomendações concretas. As soluções propostas são o resultado dos workshops, que estão, portanto, em acordo ou parceria com os funcionários da empresa e serão parcialmente implementadas;

- Assim, X será reorganizada em profundidade: embora a partida inevitável de uma parte significativa do pessoal (um terço dos trabalhadores) por demissão ou reforma antecipada seja muito para suportar socialmente, não provocará uma greve.

Observando a abordagem do consultor, percebemos que ele começa as suas reflexões a partir do núcleo do quadro 7S. Em primeiro lugar, considera os valores partilhados pelos trabalhadores na execução dos seus trabalhos. Em seguida, concentra-se no pessoal e nas suas qualidades e falhas. Os problemas são analisados à luz das discrepâncias entre o sistema (tais como os procedimentos) e o pessoal. Isto mostra, por exemplo, que algumas missões não são claramente definidas ou são parcialmente realizadas duas vezes, e muitas carecem das ferramentas ou competências necessárias para executar as tarefas que lhes são atribuídas.

Ao clarificar os procedimentos internos, o consultor trabalha no sistema, mas também nas competências ao mesmo tempo.

Está também consciente de uma série de tensões, relacionadas com diferentes personalidades, mas também com fatores políticos externos. Como já dissemos, o número de trabalhadores aumentou acentuada e rapidamente, sem alterações no serviço prestado. Devido à politização do CBO (uma empresa pública), alguns trabalhadores parecem menos "legítimos" do que outros. Nesta situação particular, o consultor trabalha com dois executivos recém-chegados que não são relativamente afetados por estas questões de legitimidade: o gestor financeiro e o presidente do CBO.

Apesar da dinâmica de trabalho e mesmo, em certa medida, por causa dela, criam-se tensões e divisões entre alguns trabalhadores, incluindo o próprio diretor da empresa. O diretor sente uma perda de legitimidade, com várias das suas decisões e ações a serem questionadas. Entretanto, o presidente também está envolvido: atua como interface entre os trabalhadores e o CBO e proporciona um trabalho importante que leva a uma revitalização de todo o CBO, com melhor informação e maior envolvimento dos membros. Estas tensões revelam que, ao trabalhar no sistema, o consultor abalou a estrutura. O trabalho de 'campo' forçou a estrutura a adaptar-se a uma inevitável e importante reorganização.

Liderados pelos novos gestores, seguindo as recomendações do consultor e com o apoio da maioria dos trabalhadores de nível inferior, os gestores – o CBO – podem redefinir a estratégia da empresa. Certamente, as missões são definidas por um quadro orgânico, mas a forma de agir sobre ele depende deles. Neste caso, a estratégia é a seguinte:

- adaptar o método;

- estabelecer objetivos em conformidade com a missão da empresa e os valores que a sustentam. Sendo uma empresa pública de serviços limitados e não se posicionando no mercado em relação aos atores privados, o aspecto estratégico é mais limitado.

Quanto ao estilo, a mudança de presidente é um fator determinante: um certo dinamismo e um novo envolvimento animam agora este órgão de gestão. O diretor, colocado no local devido a deficiências que tinham sido levantadas em vários relatórios, e não tendo participado no trabalho do consultor, está isolado. Abandonado pelo seu conselho de administração, optou por abandonar a empresa como parte de um plano de reforma antecipada e o diretor financeiro substituiu-o imediatamente. De certa forma, fazemos um círculo completo desde que o gestor financeiro e o presidente foram as duas pessoas principais que lidaram com o consultor.

Lembre-se de que a reorganização da empresa X foi concluída sem confrontos sociais (sem greves em particular). Hoje, o clima social é significativamente melhor do que era no passado. Ela funciona de forma mais harmoniosa devido à redefinição de tarefas e serviços. No entanto, alguns pormenores continuam por resolver, incluindo o fato de certas competências continuarem a faltar internamente. Há várias razões para tal, como podemos observar abaixo.

- Em primeiro lugar, o pessoal atual é geralmente subqualificado.

- Em segundo lugar, de um ponto de vista regulamentar, uma vez que uma empresa que efetua uma grande reestruturação não pode contratar novos funcionários durante os próximos três anos, é necessário determinar quantos funcionários são necessários para continuar as operações e o nível de serviço da empresa. Esta abordagem implica calcular o número desejado de demissões a fim de formar uma pequena equipe, sem necessariamente ter todas as competências necessárias.

Finalmente, salientamos o fato de o consultor ter iniciado a sua reflexão a partir do centro do átomo 7S (valores partilhados), ou seja, a partir do que todos os trabalhadores têm em comum. Depois, ele "viajou" através do quadro, o que é perfeitamente aceitável. A interconexão dos componentes e a falta de hierarquia representam, na nossa opinião, um dos principais pontos fortes do modelo.

RESUMO

- O quadro McKinsey 7S é um modelo de diagnóstico organizacional utilizado na gestão, particularmente durante a implementação de novos projetos ou alterações a serem feitas dentro de uma empresa. O seu sucesso deriva do fato de permitir considerar um conjunto interessante de parâmetros, e enfatiza a sua interligação.

- Aparecendo nos anos 80, este modelo é o resultado de mudanças nas ciências sociais (estruturalismo e melhoria das relações sociais) e na economia (modificação das estruturas comerciais e empresariais conducentes à hibridização e internacionalização das empresas).

- Os teóricos da estrutura McKinsey 7S são Robert Waterman, Thomas Peters e Julien Philips.

- Este modelo tem a vantagem de ter em conta as interações entre os vários aspectos que compõem uma organização. Além disso, é dada ênfase às relações humanas e ao aspecto qualitativo.

- Contudo, este modelo, como todos os outros, ainda é considerado como um instrumento e não um fim por si só. Além disso, dada a importância que atribui às relações humanas, valores partilhados e gestão, dá prioridade a critérios subjetivos ou dados qualitativos. Como tal, alguns preferem abordagens mais centradas em dados econômicos e quantificáveis.

LEITURA ADICIONAL

BIBLIOGRAFIA

Bajoit, G. (1992) *Pour une sociologie relationnelle*. Paris: PUF.

Bourdieu, P. (1979) *La Distinction – critique sociale du jugement*. Paris: Éditions de Minuit.

Bourdieu, P. (2002) *Questions de sociologie*. Paris: Éditions de Minuit.

Crozier, M. e Friedberg, E. (1977) *L'Acteur et le Système*. Paris: Seuil.

Desveaux, E. (2008) *Au-delà du structuralisme. Seis méditações sobre Claude Lévi-Strauss*. Paris: Complexe.

Lévi-Strauss, C. (2003) *Anthropologie structurale*. Paris: Pocket.

Site de Tom Peters: Disponível em: <http://tompeters.com/>.

Waterman, R. H., Peters, T. J. e Philips, J. R. (1980) Estrutura não é Organização. *Horizontes de Negócios*. 23(3), pp. 14-26.

Queremos ouvir você!
Deixe um comentário sobre a sua biblioteca online
e compartilhe os seus livros favoritos nas redes sociais!

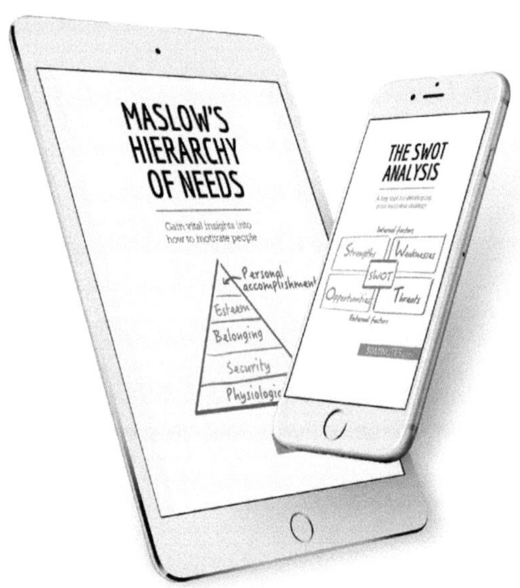

IMPROVE YOUR GENERAL KNOWLEDGE

IN THE BLINK OF AN EYE!

www.50minutes.com

Mestre ISBN: 9782808065542
Papel ISBN: 9782808065832
Depósito legal: D/2022/12603/112

Desenho digital: Primento,
o parceiro digital dos editores.